UN MOT D'ESPOIR

POUR

L'ALSACE-LORRAINE

Allocution *prononcée au* BANQUET *de l'Association des Anciens Élèves de l'École Normale de la Seine, le 6 Novembre 1886*

PAR

M. Léon PUISEUX

Inspecteur général honoraire de l'Instruction publique

PARIS

IMPRIMERIE WATTIER ET Cie

4, rue des Déchargeurs, 4

—

1886

ALLOCUTION

Prononcée au BANQUET de l'Association des Anciens Élèves de l'École Normale de la Seine, le 6 Novembre 1886, par **M. L. PUISEUX**, *Inspecteur général honoraire de l'Instruction publique.*

MESSIEURS ET CHERS AMIS,

Je veux profiter de l'occasion qui m'est offerte par cette fête de famille, pour féliciter cordialement votre association d'un acte qui affirme et qui honore son patriotisme. Dans votre séance du 15 Avril dernier, par un ordre du jour proposé et développé éloquemment par l'un de vous, M. Masson, vous avez *à l'unanimité* repoussé les propositions apportées aux instituteurs français par un prétendu missionnaire de la paix universelle, M. Molkenboër, professeur à l'Université allemande de Bonn.

Et, comme pour mieux accentuer la signification de son vote, votre association a déclaré, séance tenante, s'affilier à la *Ligue des Patriotes*.

Qu'est-ce donc que les propositions du professeur allemand ? Par deux circulaires, écrites dans un français fantastique, qui eut gagné à être traduit en volapuk, M. Molkenboër vous invite à réaliser le superbe programme que voici :

Les instituteurs français organiseront un vaste

pétitionnement, à cette fin d'exercer en faveur de la paix universelle une pression irrésistible sur leur gouvernement. Ils feront en sorte que celui-ci s'entende avec les gouvernements étrangers à l'effet d'instituer un *Conseil international d'éducation*. Ce conseil aura pour mission de réviser les programmes d'enseignement, notamment et surtout les programmes d'histoire, de manière à en faire disparaître tout ce qui pourrait éveiller chez les enfants les idées de guerre et de haine entre les nations.

Celà est tout bonnement enfantin, pour ne pas dire ridicule.

Mais voici où la question devient grave et où, comme on dit, perce le bout de l'oreille. Après avoir posé la thèse que l'idée de patrie est une idée étroite et fausse ; que les nations doivent se résigner sans appel aux décrets que la force des évènements a prononcés ; que la guerre est immorale, M. Molkenboër arrive à cette conséquence : que les éducateurs français, en parlant à leurs élèves des gloires militaires de la France, en les façonnant aux exercices militaires, en entretenant par là dans ces jeunes cœurs la pensée du relèvement de la patrie et de la revendication, commettent une erreur, un crime de lèse-humanité.

En lisant ce commentaire que je dégage du style baroque et apocalyptique dont l'a enveloppé l'auteur, je me suis rappelé ce passage d'un moraliste du moyen-âge :

« Défiez-vous de ces gens revêtus de peaux d'agneaux qui bêlent à vos oreilles des paroles doucereuses. Sous leur enveloppe d'emprunt ce sont des loups dévorants. »

J'ai bien peur que M. Molkenboër ne soit l'un de ces agneaux ; qu'il ne soit, tout au moins, le porte-voix d'un charitable voisin qui prêche le pardon des injures, la réconciliation et le désarmement, pour mieux digérer en paix ce qu'il nous a pris, et mordre quelque peu au reste.

Mais admettons que l'honorable professeur de Bonn soit sincère et discutons sincèrement sa thèse.

Oui, la guerre aggressive, la guerre de conquête est inhumaine, illogique, puisqu'elle a pour moyen et pour résultat la destruction d'une partie de l'espèce, l'anéantissement d'êtres humains, qui non seulement avaient droit à la vie, mais qui encore, pour la plupart, constituaient une élite.

Et pourtant si on envisage la question avec les yeux de l'historien, que de circonstances atténuantes ! N'est-ce pas au métier des armes que se sont formés de grands et nobles caractères, comme Turenne, Catinat, Hoche, Bugeaud, Cavaignac, Chanzy ? de puissants organisateurs, César, Charlemagne, Napoléon ? — Est-ce que la guerre de conquête elle-même n'a pas été souvent un fécond instrument de progrès ? — C'est l'épée à la main que la Grèce a porté son immortelle civilisation jusqu'au fond des Indes, avec Alexandre ; que Rome a doté le monde ancien, et notre Gaule au premier rang, de ses fortes et impérissables institutions. Enfin, lorsque la France républicaine, provoquée et envahie, il y a bientôt cent ans, a débordé à son tour par toutes ses frontières, est-ce que les ornières creusées par ses canons n'ont pas été autant de sillons fertiles, où ont germé les idées de liberté et de régénération dont les nations de l'Europe, et l'Allemagne comme les autres, ont largement profité ?

Mais admettons que ces progrès, si grands, si méritoires qu'ils soient, aient coûté trop cher et que les générations présentes ne soient pas tenues à ces sacrifices sanglants au profit des générations futures. Au moins, nous accorderez-vous, M. Molkenboër, le droit de guerre défensive, le droit d'opposer nos poitrines et nos épées à tout aggresseur qui violerait notre territoire, qui menacerait nos foyers, nos enfants, et nos milliards aussi, qui ont de si beaux yeux pour certains conquérants.

Vous faites à regret cette concession... Mais vous la faites. Hé bien ! je vous dis que lutter pour la reconstitution de la patrie mutilée, pour arracher des Français, une partie de nous-mêmes, à un joug détesté, et, disons le mot, pour rouvrir le sein de la France aux Alsaciens-Lorrains, notre chair et notre sang, à ces frères fidèles, dont le cœur n'a pas cessé de battre à l'unisson du notre ; je vous dis que cela aussi est de la guerre défensive.

Mais ce ne sont point des Français, selon le professeur de Bonn ; ce sont des Allemands ; et il a osé avancer que les instituteurs d'Alsace-Lorraine avaient en grand nombre adhéré à ses principes. Les institueurs allemands imposés à l'Alsace-Lorraite, c'est probable. Mais les institeurs alsaciens-Lorrains, non ! mille fois non ! M. Masson a fait justice de cette énorme calomnie.

Ce sont des Allemands, dites-vous, d'après le droit historique, aussi bien que ces Tchèques de Bohême, Vendes de l'Oder et de la Vistule, Bataves, Flamands, enfermés autrefois dans les limites idéales du Saint-Empire romain-germanique. Et vos confrères, enchérissant sur vous, mettent entre les mains des petits prussiens des livres et des cartes géographiques, où non seulement l'Alsace et la Lorraine, mais la moitié de la Champagne et de la Bourgogne, mais la Franche-Comté, la Savoie, le Dauphiné, mais la Provence elle-même sont distraites de la France et rattachées à l'empire d'Allemagne. Et comment cela? — Tout simplement parce qu'il a plu à un empereur allemand du XIe siècle, Conrad-le-Salique, de se porter héritier des rois nominaux d'Arles et de Bourgogne !

Ne nous appelez pas sur ce terrain ; l'argument serait trop facile à retourner contre vous. Les petits enfants de nos écoles savent où s'étendaient les limites de la Gaule, et si vous avez vos poètes nationaux, l'un des nôtres n'a-t-il pas dit :

> Nous l'avons eu votre Rhin allemand ;
> Il a tenu dans notre verre.

Ah ! messieurs les Professeurs prussiens, de même que nos chevaleresques ancêtres disaient à Fontenoy : Messieurs les Anglais, tirez les premiers ! nous vous crierons : Restituez les premiers !

En vérité, est-ce un pays prussien que cette Alsace qui a entendu les premiers éclats de la Marseillaise, qui a donné à la France Kellermann le père, l'un des vainqueurs de Valmy, Kléber, l'héroïque défenseur de Mayence et tant d'autres innombrables et illustres généraux, Lefebvre, Molitor, Rapp, Beysser, Schramm, et l'amiral Bruat, et le plus fécond de nos dessinateurs Gustave Doré, et cet écrivain si français Edmond About, et les grandes familles industrielles des Kœchlin et des Dolfus ?

Est-ce un pays allemand, ce département de la Moselle, avec son héroïque ville de Metz, française de temps immémorial par la race, par la langue, par le patriotisme surtout, dont les femmes portaient des pierres et des fascines aux remparts contre les canons allemands de l'empereur Charles-Quint ? — une terre tudesque ! celle qui a donné elle aussi à la France le maréchal Fabert, Kellerman le fils, l'un des vainqueurs de Marengo ; et le peintre Yvon ; le restaurateur de la peinture sur verre, Maréchal ; le charmant compositeur Ambroise Thomas ; l'éloquent orateur de Serres ; et tant d'autres ? Quelle injure pour ces ombres illustres, pour ces cœurs si français, si on leur eût dit qu'ils étaient... des Allemands !

Oui, mes anciens élèves et amis, quand vous enseignez la géographie à vos enfants, n'oubliez pas de leur apprendre, de leur répéter que par delà cette ligne funèbre qui déshonore la crête des Vosges et les rives de la Sarre et de la Moselle, il y a une terre française, des cœurs français, des mains toujours tendues vers la patrie française.

Ici, permettez-moi de faire revivre des souvenirs personnels.

Je visitais, il y a quatre ans, deux des plus hauts sommets des Vosges, le Ballon d'Alsace et le Hohneck, et sur leurs cîmes, déjà parcourues dans des temps plus heureux, je rencontrais des bornes marquées à leurs côtés opposés de deux lettres un F latin et un D gothique : France, Deutschland (pays des Teutons). C'était la nouvelle frontière. Mes yeux se mouillèrent de larmes en contemplant cette magnifique vallée du Rhin, cette grande usine agricole et industrielle, autrefois si prospère, et qui dépérit aujourd'hui entre les douanes françaises et la concurrence privilégiée des contrefaçons allemandes. Et quand, à la descente par le versant oriental, je traversai quelques villages du pays annexé, comme on me saluait au passage, moi inconnu, uniquement parce que je portais un insigne français !

Quelques jours après j'étais à Metz, la ville où j'ai fait une partie de mes études. Sauf les patrouilles allemandes, dont les lourdes bottes retentissaient sur les pavés des rues, sauf une morne tristesse empreinte sur les visages des habitants, on sentait bien qu'on était dans une ville française : car tous parlaient notre langue et n'en connaissaient, n'en voulaient pas parler d'autre. Au milieu des regrets, des émotions poignantes qui m'assaillaient, c'était presque une satisfaction.

Une autre du même genre, et plus vive, m'était réservée. J'eus occasion, à peu de jours de là, de faire une petite excursion à quelques lieues de Metz, dans la région qu'on appelait dans mon enfance la Lorraine allemande. J'entrai dans une auberge, un jour de marché; douze à quinze villageois étaient réunis dans la grande salle, buvant de la bière devant la haute et large cheminée et sous les lattes chargées de bandes de lard fumé. Ils causaient bruyamment en allemand qui est leur langue maternelle, comme la langue d'oc est la langue maternelle du Gascon et du Provençal; comme le celtique est celle du Bas-Breton, et qui n'en sont pas moins de bons Français. Viennent à entrer deux fonctionnaires prussiens, l'*Einhemer* et le *Feldwachter*, le percepteur et le garde-champêtre; aussitôt mes hommes à se mettre à parler français, un mauvais français, j'en conviens; mais ils voulaient attester par là qu'ils étaient toujours des enfants de la France. « La partie la plus française de mon clergé, me disait le noble et patriote prélat que Metz vient de perdre, Mgr Dupont-Desloges, est le clergé des paroisses allemandes. »

En vain les Prussiens ont-ils invoqué à la fois et les droits de la force, et les liens historiques, et la parenté de race et de langue; en vain ont-ils voulu germaniser l'Alsace et la Lorraine, on sait comme ils y ont réussi.

L'entreprise n'est pas nouvelle dans notre histoire : elle a été essayée il y a cinq siècles sur une autre de nos provinces, une autre *Alsace-Lorraine*.

Lorsque, en 1415, puis en 1417, le roi d'Angleterre Henry V descendit en Normandie avec des armées de 30.000, de 50.000 hommes, il s'annonçait aux Normands, non point comme un conquérant étranger, mais comme un *compatriote*, comme le descendant de leurs anciens ducs. «Nous sommes de votre vieux sang, » leur fait-il dire par ses barons. Il leur promettait, avec la conservation de la *coutume de Normandie*, ce fondement de la législation anglaise, des libertés plus larges, des privilèges commerciaux plus étendus. En même temps il ajoutait, comme plus tard les vertueux missionnaires casqués et cuirassés de Berlin, qu'il était envoyé *de par Dieu*, pour châtier et réformer la corruption et les crimes « qui étoient au royaume de France. »

Hé bien ! à ce descendant du glorieux normand Guillaume, à ce prétendu frère, à ce redresseur des vices de la France, qui se présentait une main à l'épée, et l'autre pleine de promesses, les Normands répondirent par une énergique répudiation et par la plus opiniâtre des résistances. Pas une ville, pas un château-fort qui n'ait attendu l'ennemi, soutenu un siège, forcé le vainqueur à souscrire une capitulation. Deux mille bourgeois de Caen, tombant en un jour sur les brèches de leurs murailles ; la mort lente et résignée de 60.000 Rouennais dévorés par un siège de sept mois ; voilà des gages donnés par la Normandie à cette France qui pourtant alors semblait l'abandonner. C'est que l'idée de la Patrie, de la patrie française, surgissait alors du sein de nos malheurs et s'incarnait dans le normand Alain Blanchard, dans la merveilleuse vierge de Lorraine, Jeanne d'Arc, qui devaient tous deux mourir pour la France à Rouen, l'un au gibet, l'autre sur un bûcher.

Après quatre ans d'une lutte corps à corps, la Normandie isolée, épuisée, tomba pantelante sous les pieds de ces soi-disant frères. Un seul point, le Mont-St-Michel, le Belfort de ce temps là, était resté inexpugnable et vierge.

Dépeuplée par la guerre, dépeuplée par l'expulsion violente des habitants de Harfleur, de Honfleur, de Caen, de Cherbourg, pour faire place à des colons anglais, la malheureuse province le fut bien plus encore par l'émigration volontaire.

Toutes les classes apportèrent leur contingent à ce lamentable exode ; les nobles renonçant à leurs fiefs, les bourgeois à leurs maisons et à leurs manufactures, les clercs à leurs bénéfices, plutôt que de subir les maîtres étrangers. L'Alsace-Lorraine, elle aussi, n'a-t-elle pas sous nos yeux renouvelé l'exemple de ces renoncements héroïques ?

Les hommes de guerre allèrent porter leur épée au Dauphin, depuis Charles VII ; les drapiers, les forgerons, les corroyeurs de Rouen, de Caen, de Louviers, de Vire, comme de nos jours encore les Alsaciens-Lorrains, allèrent porter leurs métiers dans les provinces restées françaises et doter la sauvage Bretagne d'industries nouvelles.

Quant aux paysans, auxquels leur pauvreté interdisait ce voyage, ils émigrèrent à l'intérieur.

Réfugiés dans les bois, dans les marais, ils s'organisèrent en bandes de partisans, faisant une guerre incessante aux autorités anglaises et aux usurpateurs étrangers. Vainement les Anglais multiplièrent les ordonnances de mise hors la loi contre ces patriotes qu'ils flétrissaient du nom de *brigands*.

Après avoir *protesté* par la résistance armée, par l'émigration, les Normands ne cessèrent de *protester* contre les maîtres étrangers ; les villes par des conspirations cruellement réprimées ; les campagnes par de formidables insurrections de 30,000, de 40,000 paysans, pareillement écrasées ; les nobles par des retours offensifs souvent heureux ; tous par des appels continuels et désespérés à leurs frères de France.

Cela dura 35 ans, le cours moyen d'une vie humaine ; et au bout de ce temps la haine des Normands pour les maîtres étrangers était plus vivace qu'au premier jour.

Enfin arriva le jour de la délivrance, Charles VII avait refait et organisé ses forces militaires ; c'est en Alsace, c'est dans le pays Messin qu'il en avait fait le premier essai. En 1449 trois armées entrèrent à la fois en Normandie. A la vue des bannières françaises, tous les cœurs normands battirent; les villes prennent les armes, ouvrent leurs portes et se joignent aux libérateurs pour chasser l'étranger. En 1450, l'héroïque province rentrait tout entière dans le sein de la patrie française.

Méditons cette leçon, Messieurs et amis, cette leçon de notre histoire nationale. Il y a là un rapprochement qui n'a pas besoin de longs développements pour être compris. Que ce soit pour nous, comme pour nos frères violemment séparés d'Alsace-Lorraine, une consolation dans le présent, une espérance pour un avenir prochain.

En terminant je porte un toast à l'Association des anciens élèves de ma chère Ecole d'Auteuil, et à celui qui s'est fait le porte-parole de ses sentiments patriotiques, à M. Masson! (*Applaudissements prolongés*).

Paris. — Imp. Wattier et C°, 4, rue des Déchargeurs.